HISTOIRE

DE

BOURBONNE-LES-BAINS.

Langres, imprimerie de Dejussieu.

NOTICE HISTORIQUE

SUR

LA VILLE

DE

BOURBONNE-LES-BAINS,

PAR M. ***

MEMBRE CORRESPONDANT DE LA SOCIÉTÉ ROYALE DES ANTIQUAIRES DE FRANCE.

LANGRES,

SOMMIER, Libraire-Éditeur.

BOURBONNE,
LECLERT, Libraire.

LANGRES,
DEJUSSIEU, Imprimeur-Lib.

PARIS,
ROLLAND, Libraire, rue des Grands-Augustins, n.° 1.

CHAUMONT,
DARDENNE, Libraire.

1836.

Mai 1836.

DANS la plupart des notices qui ont paru sur Bourbonnne-les-Bains, on s'est occupé plus spécialement des eaux thermales et de leur application aux diverses maladies, et l'histoire de la ville, presque entièrement sacrifiée, ne s'y trouve guère que comme accessoire.

Nous avons pensé que si les étrangers qui viennent chaque année en grand nombre à Bourbonne, attirés par les vertus de ses eaux, recherchaient des ouvrages entièrement consacrés à la médecine, ils devaient aussi désirer connaître la chronique d'une ville dont ils deviennent les habitans pendant un temps assez long pour s'intéresser à son histoire; et nous nous sommes décidé à faire imprimer séparément cette Notice sur Bourbonne, qui fait partie d'un ouvrage que nous avons publié sur l'arrondissement de Langres (1).

Pour rendre cette Notice aussi complète que possible, nous avons joint aux recherches historiques des notes statistiques et géologiques, et une biographie des auteurs auxquels la ville de Bourbonne-les-Bains a donné le jour.

(1) Recherches historiques et statistiques sur les principales communes de l'arrondissement de Langres; in-8°, 1836.

HISTOIRE

DE

BOURBONNE-LES-BAINS.

Cette petite ville, connue par ses eaux thermales, est située dans le Bassigny, à 12 lieues est-est-nord de Langres, dans une position assez pittoresque ; bâtie à l'extrémité d'une montagne qui se termine par un angle aigu, elle se prolonge sur les pentes de cette montagne jusques dans la vallée.

Diverses inscriptions trouvées à Bourbonne, et des restes de constructions prouvent que cette ville existait déjà au temps des Romains, ou au moins que ses eaux thermales étaient connues de ces conquérans des Gaules qui y avaient bâti des bains. Voici ces inscriptions :

ORVONI.T
MONÆ.C.IA
IINIVS.RO
MANUS.IN
G.PROSALV
E.COCILLÆ
FIL.EX.VOTO.

Cette inscription est celle dont la découverte est la plus ancienne; elle était déjà placée, il y a près de 300 ans, au-dessus d'une porte des écuries du château. En 1763, elle a été mise dans le mur d'un petit bâtiment en forme de temple situé sur la place Bourbon, et qui renferme une source d'eau chaude. Elle a été rapportée et commentée par un grand nombre d'auteurs qui, presque tous, l'ont expliquée d'une manière différente. Nous croyons qu'on doit la traduire ainsi : *A Borvo et à Tamona, Caius Jatinius, romain venu dans les Gaules pour la santé de Cocilla. D'après le vœu d'un fils.* M. Berger, qui a publié, en 1833, un ouvrage destiné principalement à expliquer les inscriptions trouvées à Bourbonne, traduit différemment celle que nous venons de rapporter : il regarde *Romanus* comme un *cognomen*, et non comme indiquant l'origine de C. Jatinius ; il traduit aussi *in g*, par *ingenuus*, considéré comme *agnomen* et non comme signifiant ingénu (*ou affranchi*). Ainsi il lit, *Caius Jatinius romanus ingenuus*. Il regarde ensuite *fil* comme se rapportant à *Cocillæ* ; et lit : pour la santé de sa fille Cocilla. Cette dernière explication nous paraît surtout inexacte, parce que les mots *fil ex voto* ne font pas suite à l'inscription ; ils sont gravés sur la base du petit autel votif, et séparés du reste de l'inscription. On aurait pu les écrire sur toute autre partie de l'autel, aussi bien que sur la base, et il nous semble qu'on doit traduire ces mots séparément et lire, *Filii ex voto*.

Le 6 janvier 1833, on trouva dans les décombres d'une maison, située dans la grande rue de Bourbonne, une plaque de marbre blanc, de 167 millimètres de hauteur, sur 132 millimètres de largeur et 16 millimètres d'épaisseur, sur laquelle était gravée l'inscription suivante, dont les caractères sont d'une belle forme :

DEO . APOL
LINI. BORVONI
ET . DAMONÆ
C. DAMINIUS
FEROX. CIVIS
LINGONUS . EX
VOTO.

Cette inscription, qui faisait probablement partie d'un autel votif, peut être traduite ainsi : *Au dieu Apollon Borvo et à Damona, Caius Dominius Ferox, citoyen langrois. Ex voto.*

On voit, d'après cette dernière inscription, qu'Apollon prenait l'épithète de Borvo lorsqu'il était adoré comme protecteur des eaux thermales ; il est probable que dans la première inscription que nous avons citée, et dans laquelle on lit seulement Borvoni, le nom d'Apollon est sous-entendu. Cet Apollon, surnommé Borvo, n'était pas seulement adoré à Bourbonne-les-Bains ; on a trouvé, à Bourbon-Lancy, deux inscriptions qui mentionnent aussi des vœux adressés à Borvo et à la déesse Damona qui partageait, à ce qu'il paraît, avec Apollon, la protection des eaux thermales.

La ressemblance qui existe entre les noms des villes de Bourbonne, de Bourbon-Lancy et de Bourbon-l'Archambeau, qui possèdent toutes les trois des eaux thermales, a fait penser que ces villes avaient dû leurs noms aux sources qui jaillissent de leurs territoires ; et plusieurs auteurs ont cherché à expliquer le mot Borvo, en le faisant dériver de deux mots celtiques, *verv* qui signifie chaud, et *von* qui signifie fontaine. S'il était prouvé que *verv* et *von* fussent deux mots celtiques, cette explication paraîtrait sans doute très-plausible ; mais, comme M. Berger a cherché à le démontrer dans son ouvrage déjà cité, ces interprétations semblent si peu fondées qu'on ne peut guère y ajouter foi. Mais, si le mot *Borvo* n'est pas dérivé des deux mots celtiques signifiant fontaine chaude, nous sommes persuadés qu'il devait exprimer quelque chose de semblable; et cela est d'autant plus probable que presque toutes les villes qui renferment des sources d'eaux thermales en ont reçu leurs noms. Ainsi la ville de Bains, située non loin de Bourbonne, dans les Vosges, tire évidemment son nom des bains qu'elle renferme. Les villes qui, en Allemagne, portent le nom de Baden, ont aussi des noms de même origine, puisque Baden signifie bains, en allemand; il en est de même des villes appelées Bath, en Angleterre; car Bath a encore la même signification. Les villes qui portent le nom d'Aix possèdent toutes des eaux thermales et tirent leurs noms du mot latin *aqua*, eau. Ainsi, quoique nous ne puissions pas traduire littéralement le mot *Borvo*, qui nous paraît être la racine de Bourbonne et de Bourbon, il est évident pour nous qu'il exprimait, au temps des Gaulois et ensuite chez les Romains, l'un des noms sous lesquels on désignait les eaux thermales.

Borvo n'est pas, à notre avis, le nom d'une divinité, mais simplement une épithète ajoutée à Apollon; de sorte que la dédicace *Apollini*

Borvoni, nous semble devoir exprimer, à Apollon, protecteur des eaux thermales, ou des bains, ou encore à Apollon adoré à Borvo. Nous croyons donc que ce n'est pas le Dieu qui a donné son nom aux villes que nous avons citées, comme le pense M. Berger; mais que c'est au contraire le Dieu qui a pris l'épithète de Borvo du nom de ces villes, ou des sources qui y jaillissaient. Cette assertion nous paraît d'autant plus plausible, qu'on voit généralement que les Dieux n'imposaient pas leurs noms aux objets dont ils étaient considérés comme protecteurs, ou aux localités, mais recevaient plutôt, comme épithète, les noms des choses qu'ils protégeaient, ou des lieux où ils étaient adorés.

Les inscriptions que nous venons de rapporter ne permettent pas de douter que les eaux thermales de Bourbonne n'aient été connues des Romains; mais comme aucun auteur ancien n'en fait mention, et que la position de Bourbonne n'est marquée ni dans l'itinéraire d'Antonin ni dans la carte de Peutinger, on peut douter s'il y avait à Bourbonne, au temps des Romains, d'autre édifice que les Thermes dont on a trouvé les ruines et dont nous parlerons plus tard, ou s'il existait déjà à cette époque une ville d'une certaine étendue.

Nous croyons qu'à l'époque de la domination romaine, Bourbonne était peu considérable et qu'il n'y avait probablement, en outre du bâtiment des Thermes, que quelques maisons situées dans le vallon qui renferme les sources d'eau chaude. En effet, rien n'indique que les constructions romaines aient couvert un plus grand espace que celui que nous venons de désigner ; c'est seulement dans le vallon où sont situés les bains qu'on a découvert des restes de bâtimens romains, et ces restes sont encore très-peu nombreux ; on peut croire cependant qu'on en aurait découvert davantage dans cette partie, si le sol actuel ne s'était pas élevé, par suite des attérissemens, à une grande hauteur au-dessus du sol ancien.

Dans les fouilles qui furent faites, depuis 1763 jusqu'en 1785, pour la construction du bâtiment des bains, on trouva des traces d'anciens travaux à 15 mètres au-dessous du sol actuel. Les restes d'un aqueduc et d'autres ouvrages en pierres et en briques furent découverts, dans le même lieu et à la même époque, à 6 mètres environ de profondeur. M. Renard, dans son ouvrage sur Bourbonne, pense que les constructions trouvées à 15 mètres de profondeur, sont antérieures aux Romains et doivent être attribuées aux Gaulois. Cette opinion est assez plausible, mais cependant il faudrait, pour décider une pareille question, avoir des détails très-précis sur le genre de ces constructions; car quoique à une grande profondeur, elles pourraient aussi avoir été exécutées, par les Romains, dans le but de renfermer les sources et de les empêcher de se perdre dans la terre. Quant aux restes de constructions trouvés plus près du sol, il est hors de doute qu'on doit les attribuer aux Romains.

Parmi ces anciens travaux, on remarquait un bassin octogone, construit en briques d'un pied carré et épaisses d'un pouce. Ce bassin se vidait par le fond, au moyen d'un canal aboutissant à un aqueduc qui versait les eaux dans la rivière d'Apance. Dans une fouille faite vers 1755, derrière l'hôpital, on découvrit, à ce que rapporte Diderot, « de petits appartemens, pavés en mosaïque de fayence, avec des murs ornés de peintures. Les habitans d'un village sont trop ignorans, pour qu'on puisse leur reprocher de n'avoir mis aucun prix à cette découverte. Il y avait, au milieu d'un de ces petits appartemens, bains ou autre chose, à terre, des ustensiles de cheminée, pelle, pincettes, chenêts, cremaillère avec un vase d'airain. » Sans approuver les expressions de Diderot envers les habitans de Bourbonne, nous regrettons que les constructions dont il parle n'aient pas été conservées.

Le ruisseau de Borne, qui passe près du lieu où ont été découverts les ouvrages romains dont nous venons de parler, est traversé, à une certaine profondeur, par des murs et des pavés de construction romaine. On découvrit, il y a plusieurs siècles, deux têtes en marbre blanc, au fond du puits du château de Bourbonne ; ces têtes se voyaient, au milieu du 17.e siècle, de chaque côté d'une cheminée du château. L'une représentait une déesse, couronnée d'une branche de laurier de laquelle pendaient deux tresses qui tombaient sur les épaules ; l'autre tête avait appartenu à un homme, mais n'avait rien qui la caractérisât.

En démolissant une tour du château, au commencement du 18.e siècle, on trouva, dit Gauthier, « le tronçon, depuis la ceinture jusqu'en bas, d'un corps en relief, de grandeur naturelle..., et, sur une autre pierre, une figure sculpturée en bas-relief, qui m'a paru ressembler au bout de l'aile d'une grande aigle romaine. » On découvrit, en 1783, un vase que M. Therrin, chirurgien de l'hôpital militaire, a décrit ainsi : « une aiguière de forme antique, d'une composition métallique particulière, sur laquelle on admire des arabesques et les figures des trois vertus théologales, représentées avec une grande pureté de dessin. Tout fait présumer que cette aiguière date des premiers âges du Christianisme. »

En 1828, on trouva, dans un terrain contigu à celui de l'ancien château, plusieurs médailles des empereurs romains, et un petit bouc en bronze. Enfin, en 1829, on découvrit encore, à peu de distance à l'est de Bourbonne, un fronton qui avait dû surmonter le tombeau d'un acteur (*histrio*) mort à Bourbonne. L'inscription suivante était gravée sur ce fronton.

MARONV
HISTRIO ROCABA
IVS DIC. . . IANNXXX

M. de Monbret, membre de l'Institut, a publié cette inscription dans le tome 9 des Mémoires de la Société des Antiquaires de France, et l'a restituée ainsi :

MARONUS
HISTRIO ROCABA
IVS DICT. VIXIT ANN. XXX.

Cette inscription doit alors signifier : Maronus comédien, surnommé Rocabajus, vécut 30 ans.

Outre ces nombreux monumens qui sont des preuves certaines du séjour des Romains à Bourbonne, quelques personnes ont pensé que la rue Velonne, qui aboutissait autrefois à une voie romaine, avait reçu son nom des Romains, et que Velonne n'était qu'une corruption de Bellonne. M. Berger prétend qu'on ne peut pas admettre cette interprétation, parce qu'il n'existe pas de traces du culte de Bellonne dans les Gaules ; cette raison ne nous paraît pas devoir faire rejeter entièrement cette étymologie : en effet, on peut croire que les eaux de Bourbonne ont été très-fréquentées par les généraux et les soldats romains, blessés dans les Gaules, et que Bourbonne dut alors recevoir quelque extension pour que tous ces militaires pussent y habiter; or il nous paraît naturel de penser que l'une des rues qui commencèrent alors à se former, ait reçu des soldats romains le nom de Bellonne. On pourrait même supposer qu'elle fut ainsi nommée parce qu'elle fut habitée par un général victorieux, comme nous avons vu la rue Chanteraine, à Paris, prendre le nom de rue de la Victoire, parce que le général Buonaparte était venu l'habiter à son retour de la campagne d'Italie. La rue Bellonne aurait donc pu ne pas recevoir son nom des Gaulois, mais des Romains qui adoraient cette déesse de la guerre.

II.

Nous ne savons point ce que devint Bourbonne après les Romains, et si les établissemens qu'ils y avaient fondés furent détruits lors de l'invasion des Barbares dans les Gaules; mais nous pensons que c'est à cette époque qu'il faut fixer la ruine des monumens dont on a trouvé les restes dans le vallon de la Borne.

Le plus ancien auteur qui parle de Bourbonne est Aimoin: il rapporte qu'en l'année 612, Thierry, roi de Bourgogne, allant faire la guerre à Théodebert, roi d'Austrasie, réunit ses troupes près de Langres et se rendit ensuite à Toul, en passant par le château de Bourbonne (*Vernona Castrum*), qu'on commença à bâtir à cette époque. Voici le passage de cet auteur: « Théodoricus, ut præfati sumus, Theodebertum infestis insectans odiis, ad Clotharium mittit, qui velut ex persona sua dicerent: contumeliis à fratre affectus, reddere ei quæ meretur cogito, si te illi non affuturum auxilio cognovero. Quapropter ego rogo te quietum manere, nil adjumenti illi ferentem: pollicens, si victor evasero, regnumque cum vitâ ab eo quivero auferre ducatum Denteleni, quod ipse tibi injustè sublatum retinet, me tuæ remitto potestati. Huic pactioni assentiente Clothario, Theodericus anno XVII regni sui mense mayo, universos ditioni suæ ad bella promptissimos Lingonis coadunari præcipiens, ac per Vernona castrum (tum temporis ædificari cæptum) iter faciens Tullo devenit. Ibi obviam habens Theodebertum, cum supplemento militiæ Austrasiorum, non dubitavit conserere manum. In Campaniâ namque tullensi adversùs fratrem congressus, exercitum ejus graviter attrivit. »

Ce *castrum*, dont parle Aimoin, devait être un château-fort ou une citadelle destinée à défendre cette partie de la frontière du royaume de Bourgogne, qui touchait au royaume d'Austrasie; car si ce *castrum* n'eût été qu'un simple château, il n'est pas probable qu'Aimoin aurait parlé de sa construction. Ce château-fort fut bâti à l'extrémité d'une montagne qui domine les vallons arrosés par la Borne et l'Appance, et se trouve au point de réunion de ces deux rivières. On prétend qu'au lieu où fut élevée cette forteresse, il avait existé, au temps des Romains, un temple dédié au dieu protecteur des bains; mais nous ne savons pas qu'on ait rien découvert qui ait pu donner quelque fondement à cette supposition.

Cette forteresse, située dans une charmante position, fut plus tard habitée par les seigneurs de Bourbonne. Son enceinte était à peu près triangulaire : deux de ses côtés dominaient la vallée, et le troisième était séparé de la plaine par un fossé profond rempli par l'eau qui venait des fontaines de Montillot, situées à une demi-lieue au nord-est de Bourbonne. Au commencement du 18.e siècle, le château de Bourbonne existait encore presque en entier. Peu avant 1716, on détruisit une grosse tour : ce qui restait de ce vieux manoir fut démoli en 1783, et les pierres furent employées dans la construction d'un bâtiment qui fait partie des bains civils. Il ne reste plus aujourd'hui qu'une espèce de poterne qui n'est pas d'une construction très-ancienne.

Le plus ancien seigneur de Bourbonne que l'on connaisse, est Rocelin de Bourbonne, qui concourut à la fondation de l'abbaye de Morimond, entre 1100 et 1115. Après lui, vint Hugues de Bourbonne, qui fut témoin d'une donation que Cono, seigneur de Choiseul, fit à Morimond, en 1144 ou 1145. Ce Hugues de Bourbonne était probablement fils de Rocelin et père de Regnier, de Guy et de Hugubert, cités parmi les bienfaiteurs des abbayes de Morimond et de Vaux-la-Douce, vers l'an 1160. Guy est appelé *Dominus Guido de Borbonæ*, dans la donation qu'il fit à Morimond de ce qu'il avait au lieu de Grimmières, du consentement de Herluin, son fils, et de ses filles. La donation que ce même Guy fit à Vaux-la-Douce, entre 1150 et 1160, fut approuvée par sa femme, nommée Raile, et par Herluin, son fils. Regnier de Bourbonne est nommé, dans une donation faite à l'abbaye de Morimond par Gillebert de la Porte. Il donna, environ l'an 1170, à l'hôpital de Grosse-Saulve, une ratification dans laquelle Hugues III, duc de Bourgogne, figura comme témoin.

Après Regnier, on voit Foulques et Geoffroy de Bourbonne ; ce Foulques, qualifié seigneur de Bourbonne et chevalier, fut témoin, en 1173, d'une donation de Regnier, vicomte de Clefmont, fondateur de l'abbaye de la Creste. Foulques fut probablement père de Regnier III, cité dans une donation faite, en 1199, au prieuré de *Cerceuil*, par Regnier d'Aigremont, et dans laquelle il est appelé Regnier de Bourbonne, le jeune. Geoffroy, dont nous avons parlé, fut seigneur de Bourbonne en même temps que Foulques, puisqu'il est qualifié chevalier et seigneur de Bourbonne, dans la donation qu'il fit, en 1178, à l'abbaye de la Creste, de biens situés dans les villages de Pincourt, de Donnemarie et d'Essey, du consentement de sa femme Galice, fille d'Airard, seigneur de Semoustier, et de leurs enfans

Gaulthier, Airard, Geoffroi et Sarazine. En 1191, Hugues de Bourbonne, qui devait être seigneur en partie avec Regnier III, fit une donation aux Templiers de Genrupt.

Nous voyons qu'au commencement du 13.e siècle, la seigneurie de Bourbonne appartenait à la dame Willaume, femme de Guy de Tricastel, et probablement fille de Hugues dont nous venons de parler. Elle accorda, l'an 1205, une charte aux habitans de Bourbonne, du consentement de son mari et de leurs enfans Jean et Hugues. Par cette charte que nous allons rapporter, la taille était fixée à 25 sous par an au plus. La répartition en devait être faite par trois prud'hommes nommés par la dame et les habitans ; toutes les provisions dont elle pourrait avoir besoin, devaient lui être fournies par les habitans, d'après l'estimation des trois prud'hommes ; ceux-ci devaient aussi fixer le prix des journées de travail et des charrois qui pouvaient être nécessaires pour les fortifications du château. Voici cette charte qui est précieuse, comme étant le plus ancien titre de Bourbonne.

« El non dou père, et dou fil, et dou Saint-Es-
« perit, Amen. Je, Willaume, faz savoir à touz
» ceuls qui verront ces lettres, que je, par le los
» de Guion, mon mari, seigneur de Tricastel,
» et de Jehan et de Hugue, mes fieuz, à la re-
» queste de mes sergents et de mes borgeoys, et

» de mes homes de Borbonne, avons mis les » diz sergenz, et les diz borgeoys, et les diz hom» mes et lor hoirs, à tel franchise et à tel abon» nement que nous leur avons promis par nos » sairemens que nous ne autres par nous com» mandemenz ne par nos asseus, ne ferons de » taille, plus haut de vint et cinc solz en l'an, » en homme de Borbonne, si ce n'est par leur » accort; et est assavoir que à ce que li plus » de la ville s'accorderoit seroit accordé; ne » nous ni prendrons homme pour son avoir. » Cette taille sera faite en tel manière que je » eslirai un preudome, et li preudome de la » ville en esliront un autre, et cil dui esliront » le tiers; et cil troi preudome seront esleu » chascun en le jour de mie karesme à Borbone. » Et cil troi, ensamble mon prévost, par leur » serement feront et gieteront la taillie sur ceux » qui auront pooir de paier les vint et cinc solz; » et ceux qui n'auront pooir de paier vint et » cinc solz ils les tailleront selon lor pooir » en bonne foy dedans vint et cinc solz. Cele » taille sera faite une foys l'an, et ele sera faite » de la feste Saint Jehan jusques à la Saint-Re» mi, quand il nous plaire. Cele taille sera paie » par deux termes; de vint et cinc solz paiera » len quinze solz, quinze jours devant la Saint » Remi, et les diz solz paiera l'en quinze jours » devant les bordes. Et à cette fuer et à ces

» termes paieront cil seur qui l'en jetera moins » de vint et cinc solz. Et assavoir que si aucun » des homes de Borbone, dessus nommez estoit » pris, que je naviegne, pour ma debte coneue, et » il se reemboit, ce que il se reemboit et il chair- » roit de ma debte je li restoreroie à l'esgart des » preudomes devant nommez. Avec ces choses » avons nous accorde des corvées à Borbone, que » je aurai à chascune saison deux foys, et ma caur- » vée du Bruil, ainsi comme il la me solent faire » et moyleguier chascun an à feste Touz Sainz et » à la Natevite, a toutes bestes qui traront, fos » bues et vaches; et je leur ai quitte la courvée de » Messun. Mes os, ma chevachee, mon cri, la » defence de mon chastel et de ma terre, le ser- » vice à mes amis et de mes seigneurs, de ce nest » il faite autre mention, mas que ainsi comme il » le me fasoient avant, le me feront apres. » Autresment de ceux qui tiennent les terres » dont ils doivent l'ovre au chastel, et les cos- » tumes et les anciennes corvées, ne reste il faiz » autres ordenemens, mas que ainsy comme » ils les paioient avant, les me rendront apres. » Apres ce avons nous accorde que se nous » avons mestier de viandes aux hommes dessus » nommez, ou de leurs danrees, ou de leurs » æevres, ou de lor charoy, à mon chastel » efforcier ou à autres choses, les viandes et les » danrees me seroient vendues ; à l'esgard des

» trois prudomes devant ditz, et ly ovrier et li
» charroy et li messages que ou miens comman-
» demens envoieriens me seroient loué à les-
» gart des trois preudomes devant nomez ; et
» se je vueuil payer de mes danrees ceux qui dan-
» rees je auray eues, à ceux cui je devrai pour
» leurs ovres ou pour leur charroy ou pour leur
» messagie, il prendront mes danrees à les-
» gart du prevost et des trois preudomes devant
» dits ; et se je demouroie a payer ceux cui je
» devroie jusques au terme des tailles, li prevost
» et li trois prudomes devant dit lor rabat-
» troient ce que leur devroie de lor taille ; et
» se je devoie plus à aucun que sa taille, ne
» manteroit, cil len paieroient des deniers des
» tailles ou de mes autres deniers, et li prevost
» et li trois preudomes devant dit lor raba-
» troient ce que leur devroie, de leur taille.
» Et li provost et li trois preudomes dessus
» nomme sont tenu par leur serment à tenir
» et à demeurer en bonne foy toutes ces con-
» venances dessus dites. Et est assavoir que si
» aucun venoit de fors pour demourer à Bor-
» bonne et il y remanoit par mon accort, je ly
» outroy et vueil qu'il ait la franchise, si comme
» li uns des hommes de la ville dessus nommez.
» Après toutes ces choses est assavoir que
» toutes mes seigneuries, toutes mes justices,
» toutes mes coustumes, toutes mes rentes,

» tous mes droits que je n'ay relaschie en cette » chartre, je ai retenu et les retien, et si com-» me je les avoie devant ce que cette chartre » fut faite, je les vueil avoir et en tans de la » chartre et apres la chartre, et je et mi hoir. » Et pource que ce soit ferme chose et estable, » je Guis sires de Trichastel, pour les los et » pour la volonte de Willaume ma fame, de » cui chief Bourbone dessus nommee est, et » a la requeste de Jehan et de Hugue mes fius, » ay scellees ces presentes lettres de mon scel (1), » et pour le commandement de lor les ai baillies » et délivrees aux prudomes dessus nommez. » Ce fut fait en l'an de grace milliesme ducen-» tiesme et quatriesme, ou mois de marz, au » jour de la feste Saint-Gregoire (2). »

Il paraît que lorsque cette charte fut accordée aux habitans de Bourbonne, ils avaient déjà reçu des priviléges, puisqu'ils y sont nommés bourgeois, et que ce titre suppose la liberté. Nous voyons aussi, dans une ordonnance de Philippe-le-Long, de l'année 1318, que les habitans de Bourbonne jouissaient, depuis fort long-temps, *ab antiquo*, et en vertu de chartes accordées par les rois ses prédécesseurs, du droit de commune, *communiam ac jus communiœ . . . habuerint ;*

(1) Il y avait une clef en pal sur le scel du sire de Trichastel.

(2) Et, d'après le calendrier grégorien, le 9 mars 1205.

maïs les priviléges que les habitans de Bourbonne avaient obtenu des comtes de Champagne, n'avaient pu nuire aux droits des seigneurs de Bourbonne, et ce sont ces droits dont la dame Willaume fait l'abandon dans la charte que nous avons citée.

Cette charte fut confirmée au mois de juillet 1313, c'est-à-dire, plus de cent ans après, par Louis, roi de Navarre et comte de Champagne, qui déclarait, en outre, par les mêmes lettres, prendre les habitans de Bourbonne sous sa protection. La charte de la dame Willaume fut encore confirmée, au mois d'avril 1323, par Charles IV, roi de France. Voici les lettres de ces deux rois.

Lettres de Louis, roi de Navarre et comte de Champagne. « Ludovicus, regis Francorum primogenitus Dei gratia rex Navarre, Campanie Brie que comes palatinus, notum facimus universis tam presentibus quam futuris, nos infra scriptas vidisse litteras in hec verba (suit la charte). Nos igitur premissa omnia et singula in prescriptis contenta litteris rata habentes et grata, ea volumus, laudamus, approbamus et tenore presentium confirmamus, nostro et alieno in omnibus jure salvo. Et cum homines supradicti de Borbona nobis cum instantia supplicarunt ut ipsos vellemus sub protectione nostra suscipere, nos, prout nostro incumbit officio, eosdem homines ab injuriis, violenciis et oppressionibus quibuscumque defendi volentes et tueri, pensantesque utilitatem communem que dicte ville et aliis locis circumvicinis ex hinc in posterum proventura speratur, ipsos in protectione nostra et speciali gardia suscipimus, prehabita super hoc cum conciliariis nostris deliberatione pleniori. Nostre tamen intentionis non existit, quod pretextu hujus gardie, dominus dictorum hominum aliquod impedimentum vel obstaculum futuris temporibus apponatur quominus deveriis ab eisdem sibi debitis gaudeant et utantur. Et ut premissa perpetue firmitatis robur obtineant, presentibus nostrum fecimus apponi sigillum. Actum Parisiis, mense julii anno Domini millesimo trecentissimo tercio decimo. »

Lettres de Charles IV, dit le Bel. « Karolus, Dei gratia Francorum et Navarre rex, notum facimus universis tam presentibus quam futuris, nos infra scriptas vidisse litteras formam que sequitur continentes (suit la charte de la dame Willaume et les lettres de Louis, roi de Navarre et comte de Champagne). Nos autem premissa omnia et singula in prescriptis contenta litteris rata habentes et grata ea volumus, laudamus et auctoritate regia approbantes tenore presentium confirmamus, salvo in omnibus jure nostro et quolibet alieno; prefatosque homines de Borbona volentes, juxta voluntatem carissimi domini et germani nostri regis Ludovici predicti, vivere in securitate et pace, ad instar ipsius domini germani annuentes exinde supplicationi eorum, homines ipsos presentes et posteros in protectione nostra suscipimus et gardia speciali, in jurisdictione vel deveriis eorumdem. Quod ut firmum et stabile perpetuo perseveret, presentibus litteris nostrum fecimus apponi sigillum. Actum Parisiis anno, Domini millesimo trecentesimo vicesimo tercio mense aprilis (1) »

Entre la confirmation de Louis, comte de Champagne, et celle de Charles IV, les habitans de Bourbonne qui payaient avec ceux de Chantemerle (village situé près de Bourbonne et qui n'existe plus), 170 livres tournois par an au roi, pour les droits qui leur avaient été accordés anciennement, probablement par les comtes de Champagne, demandèrent et obtinrent de Philippe V, dit le Long, la révocation de ces droits, afin de ne plus payer la taxe à laquelle ils étaient tenus (2).

(1) Ces lettres et la charte de la dame Willaume sont conservées au Trésor des Chartes.

(2) Revocatio et adnullatio communie villarum de Borbona, de Cantemerule et de villagiis ad ipsas pertinentibus.

Philippus Dei gratiâ, etc., notum facimus universis tam presentibus quam futuris quod ad nostram nuper accedentes præsentiam homines et habitatores villarum de Borbona, de Cantemerule et de villagiis ad ipsas villas spectantibus, nobis exponi fecerunt quod cum ipsi, ex nostrorum concessione predecessorum ab antiquo per cartam regiam eis facta, communiam ac jus communie, nec non justitiam

Il est probable que les habitans de Bourbonne et de Chantemerle renoncèrent à la commune dont

hominum et mulierum regis, una cum forefacturis et commissis ac pluribus redditibus annuis habuerint, et pacifice gravisi fuerint de premissis nunc usque, reddendo nobis et dictis predecessoribus nostris centum et septuagenta libras turonenses, videlicet annis singulis, pro premissis, que, ut prefertur, habuerunt hactenus in villis et locis supra dictis; prefati homines et habitatores tantis, ut asserunt, premuntur et variis et diversis causis, debitorum oneribus et indulgentiis, quod dictam communiam, juraque et libertates ejusdem tueri et servare comode nequeunt, nec ipsius communie onera quomodolibet sustinere. Quare nobis ex parte ipsorum hominum et habitatorum predicte communie ac villarum predictarum, instanter humiliterque supplicato, ut nos dictam communiam ad nos revocare, ac eamdem cum justitia, juribus et libertatibus, et franchisiis ac omnibus redibentiis ac pertinentiis ipsius communie, quibus omnibus et singulis renuntiare omnino volebant, amovere ab habitatoribus ac villis et locis predictis dignaremur : nos eisdem in hac parte propitio compatientes affectu, ac instantem, ut premittitur, ipsorum supplicationem gratiose exaudire volentes, dicta renuntiatione coram nobis et parte dictorum hominum et habitatorum villarum et locorum predictorum sponte et libere facta, et à nobis admissa, dictam communiam, cum justitia, juribus, libertatibus, franchisiis, redibentiis et pertinentiis suis omnibus, ad nos revocamus, et ab eisdem hominibus et habitatoribus ac villis, villagiis et locis predictis totaliter et in perpetuum amovemus per presentes, ac ipsos habitatores et villas, villagia locaque predicta de dictis centum et septuaginta libris turonensibus pro dicta communia nobis annuatim debitis, ut prefertur, exhoneramus penitus et quictamus; ipsos ad libertates, consuetudines, usagia et franchisias quas et quæ habebant, quibusque utebantur antequam dicta communia concederetur eisdem, tenore presentium reducentes et volentes ut ipsi libertatibus, consuetudinibus, usagiis et franchisiis utantur et gaudeant sicuti dicte concessionis tempore faciebant; ita tamen quod juratum sicut alie castellanie campanie, et eo prorsus modo nobis solvent, et ad exercitum et cavalcatam tenebuntur; et nos seu heredes nostri comites ils jouissaient, parce que ces priviléges qu'ils payaient si cher avaient pour eux peu d'importance depuis qu'ils avaient reçu gratuitement de la dame Willaume des droits beaucoup plus considérables.

Nous avons vu qu'une partie de la seigneurie de Bourbonne avait été apportée dans la maison de Trichastel, par cette dame Willaume, tandis que l'autre partie appartenait encore aux anciens seigneurs de Bourbonne. Cette division dura pendant long-temps, et on ne peut fixer l'époque à laquelle les deux parties de la seigneurie de Bourbonne furent réunies.

Une charte de l'an 1227 cite un Foulques de Bourbonne qui fit une donation à l'abbaye de Cherlieu. « Cette charte est, dit l'abbé de Mangin, scellée d'un sceau où l'on voit la figure d'un homme à cheval, l'épée haute à la main, et sur

campanie dictos habitatores et villas ac loca prædicta extra manum nostram non ponemus quomodolibet in futurum ; que premissa ut firma sint et perpetuo valitura, presentes litteras, sigilli nostri fecimus impressione muniri, nostro in aliis et alieno in omnibus quolibet jure salvo. Actum apud fontem Gurdolii, anno domini M° CCC° XVIII mense aprilis.

Per Dominum regem ad relationem thesaurarii remensis.

GERVASIUS.

Carta antiqua super communia dudum concessa in cancellaria retineatur.

Cette révocation de Philippe-le-Long est conservée aux archives du royaume ; elle a déjà été imprimée, ainsi que les chartes précédentes, par M. Berger.

le bras gauche un écusson aux armes de Choiseul (c'est celle de Rainard II, du nom sire de Choiseul), par laquelle il confirme aux religieux de ce couvent l'ample donation que Fouque, seigneur de Bourbonne, son cousin, y avait faite, du consentement d'Elisabeth, sa femme, et de Renaud et Guy ses frères (1). »

Ce Guy est probablement le même que Guy, fils de Regnier de Bourbonne, qui ratifia, en 1233, les donations faites par ses ancêtres aux Templiers de Genrupt; et ce Regnier doit être Regnier III, dont nous avons parlé, et qui fit, vers l'an 1200, une donation aux Templiers.

Après Foulques, Renaud et Guy de Bourbonne, nous trouvons Girard de Bourbonne, chevalier, qui doit descendre de l'un de ces trois frères; il

(1) Charte de Raynal de Choiseul. Ego Raynaldus Dominus Caseoli, notum facio omnibus presens scriptum inspectoris, quod ego laudavi et concessi domui et fratribus Cariloci eleemosinam quam fulco Dominus Borboniæ, consanguineus meus, laude et assensu uxoris suæ Elisabeth et fratrum suorum Raynaldi et Guidonis, fecit eisdem fratribus, videlicet Girardum fratrem albrici Noregeve cum omni tenemento suo et heredibus suis quiete et libere ab omni exactione in perpetuo possidendum, et huonum, burgensem Borboniæ, filium Seuvini cum tota domo sua quiete et libere ab omni exactione in perpetuo possidendum et quidquid idem Fulco dedit in Borbonia, prefatis fratribus quod pertinet ad feodum meum, et hoc totum laudavi et concessi et bona fide adjuvabo manu tenere. In hujus rei testimonium presentem cartham sigillo meo feci roborari. Actum, anno Domini millesimo ducentesimo vicesimo septimo (Bibliothèque du Roi, cabinet des titres orignaux).

fit, en 1276, donation au Templiers de Genrupt, *de tout l'héritage que possédait feu Pariot Faucille, son homme, qui est assis à Bourbonne et au finage, savoir : sa maison, son meix . . . . laquelle donation ledit Girard a faite du consentement de Marguerite, sa fille, et de Guyot du Paillier, son mari* (1). Ce fut probablement peu après cette époque que les sires de Trichastel réunirent la totalité de la seigneurie de Bourbonne, car nous ne voyons pas de seigneurs de Bourbonne du nom de du Paillier.

On ne sait point quelle fut la postérité de Jean (2) et de Hugues de Trichastel, fils de la dame Willaume. Vignier cite un Guy de Trichastel, seigneur de Bourbonne, qui a dû vivre à peu près au même temps et qui a pu être fils de l'un d'eux. Ce Guy de Trichastel eut trois fils, Guillaume, qui fut témoin de la donation faite par Girard de Bourbonne aux Templiers de Genrupt en 1276, Hugues, archidiacre du Tonnerrois, et Jean. Guillaume eut un fils nommé Perrin, qui épousa Alix de Silly, ou Sailly, et fut père de Jean de Trichastel, mort jeune en 1327, et d'une fille mariée à Renard de Choiseul, rendu par elle seigneur de

(1) Inventaire des titres de la commanderie de la Romagne, ordre de Malte.

(2) C'est probablement le même que Jean de Trischateau, l'un des barons de l'évêché de Langres, auquel l'évêque Hugues III donna son évêché en garde, en partant pour la croisade, l'an 1248.

Bourbonne (1). Ce Renard de Choiseul mourut au mois de janvier 1339, il était bailly et gouverneur de Lille et de Douai, et qualifié seigneur de Bourbonne et de Sailly. Il tenait ces deux terres de sa femme dont le père était seigneur de Bourbonne, et dont la mère était dame de Sailly. Renard de Choiseul eut deux filles, Isabeau et Marguerite ; celle-ci fut mariée à Gauthier de Bauffremont, et Isabeau l'aînée épousa Guillaume de Vergy, seigneur de Mirebeau, auquel elle apporta la terre de Bourbonne (2).

Guillaume de Vergy appartenait à l'une des plus illustres familles de la Bourgogne ; il était fils de Jean I de Vergy, seigneur de Mirebeau, Fontaines-Françaises, Fouvent, Champlitte, et sénéchal de Bourgogne. Il reprit en fief-lige la seigneurie de Bourbonne, de Philippe de Valois, et reçut en récompense des droits et des terres que le roi possédait dans la même seigneurie, ainsi que nous le voyons dans le titre original conservé aux archives du royaume.

« Philippes, par la grace de Dieu, roys de France, savoir faisons a tous presens et a venir, que comme nostre amé et feal Guillaume de Vergy, sire de Mirebeal, chevalier, disant qu'il tenoit le chastel de

(1) Les armes de Choiseul sont d'azur, à la croix d'or accompagnée de 18 billettes de même, dix en chef, posées en sautoir, et 8 en pointe.

(2) Les armes de Vergy étaient de gueules, à 3 quintefeuilles d'or.

Bourbonne avecques quatre cens livrées de terre ou environ en la chastellenie et es apartenances dudist chastel, et en la ville de Corchan sur la riviere de Vigenne de franc-aluef, ait repris de nous le chasteal et les quatre cenz livrées de terre dessusdites, à tenir en fie lige de nous, de nos hoirs et successeurs, ensamble les choses que nous li donnons, si comme ci apres est contenu: et avec ce nous a juré pour luy, ses hoirs et successeurs, foy et loyauté pourter, et nous et nostre chiere compaigne la Royne, et à noz enfans, et à noz hoirs, envers tous ceulx qui pourront vivre et mourir, et contrester efforceement de tout son povoir à nos annemis, especialement à ceuls qui vouldroient entrer à force d'armes en nostre royaume pour y porter dommage. Nous, pour concidéracion de ce, de grace especial, et de nostre liberalité royal avons donné, cessé et transporté, donnons, cessons et transportons audit Guillaume, pour lui, ses hoirs et successeurs à touz jours mais, en heritage perpetuel, et par don fait entre les vifs non rappelable, toutes les choses et tout le droit que nous avons en la ville de Bourbonne commune entre nous et ledit Chevalier, pour cause de ses enfans, tant en justices, seigneuries, tailles, ventes, minages, paages, seel, escriptures, bains, moulins, gelines, cens, oublies, corvaiges, criages, fours, bans es esbonnemens, quant en quelconques autres choses que nous et ledit Chevalier avions en commun en ladite ville, tant en propriété comme en saisine, excepté tant seulement les fiez et les bois que nous retenons à nous. Lesquelles choses dessus dites par informacion que nous y avions environ sept vins et sept livrées à valeur ou à assiete de terre, des quelles choses, et dudit chastel de Bourbonne, et de quatre cenz livrées de terre dessus dites, ledit Guillaume en est entrez en nostre foy et homaige ligement, et les a repris de nous, l'en avons receu à un fié lige comme dit est; et lesdites choses à li données li delivrons par la teneur de ces presentes lettres, avec tout le droit de saisine et de proprieté pour les avoir, tenir, possider, et en joïr comme de sa propre chose, en et souz le fié et service dessusdiz, sauve l'exception des fiez et de bois dessusdiz. Et que ce soit ferme chose et estable à touz jours mais, nous avons fait mettre notre seel en ces presentes lettres. Sauf en toutes autres choses nostre droit, et en toutes l'autrui. Ce fu fait à Conflanz les le pont de Charenton, l'an de grace mil CCC.XXX.VIII, ou mois juillet.

Par le roy, vous present,

VERBER.

Cet acte est intéressant, en ce qu'il apprend que les bains de Bourbonne étaient déjà fréquentés à cette époque, puisqu'ils produisaient un revenu qui est abandonné au sire de Vergy par Philippe de Valois.

Guillaume de Vergy eut un fils nommé Jean, marié à Isabeau de Joinville, et une fille Isabeau mariée au prince Henry de Bar. Ce Jean de Vergy mourut vers l'an 1370, et laissa Guillaume II de Vergy, seigneur de Bourbonne, de Mirebeau, de Soilley et de Choix qui épousa Agnès de Jonvelle et en eut trois enfans, Jean II, Jeanne et Marguerite; il mourut jeune, avant l'an 1374: sa femme se remaria avec Philibert de Bauffremont, et donna sa fille Jeanne à Henry de Bauffremont, fils de Philibert, d'un premier mariage.

Jean de Vergy et ses sœurs furent, après la mort de leur père, sous la tutelle de Pierre de Bar, seigneur de Rochefort, leur oncle à la mode de Bourgogne, qui fit en leur nom hommage au roi Charles V du château de Bourbonne et de ses dépendances (1). Jean II de Vergy étant mort jeune,

(1) *Acte de foy et hommage fait par Pierre de Bar*; « Sachent tous que je, Pierre de Bar, escuier comme ayant le bail et gouvernement des enfans mineurs d'ans de feu Guillaume de Vergy mon cousin, congnoiz et confesse ou non que dessus que je tien en foy et hommaige du Roy notre sire a cause de son Chastel de Coiffy, au bailliage de Chaumont les choses qui s'ensuivent. C'est assavoir, le chastel de Bourbonne et le Breuil, la Courvée, la vigne apartenant audit Chastel; item, une seigneurie, apelee la seigneurie de Luroul, où il y a environ six maignees d'ommes et un four bannal; de rechief la grant seigneurie, qui est par indivis entre le Roy et les dits enfants, et se part les emolumens d'icelle seigneurie par moitie. Et s'aucune chose venait à ma cognoissance

le 27 janvier 1388, et sa sœur Marguerite étant aussi morte sans être mariée, Jeanne de Vergy réunit les seigneuries de Bourbonne, de Mirebeau, de Charny, etc., qu'elle porta à son mari Henry de Bauffremont, conseiller, chambellan du duc de Bourgogne (1). La terre de Bourbonne passa ainsi dans cinq familles différentes, dans l'espace de deux siècles.

Jeanne de Vergy et Henry de Bauffremont eurent deux fils, Jean, seigneur de Bourbonne et de Mirebeau, chevalier banneret, et Pierre, premier comte de Charny, par l'érection que Louis XI fit de cette terre en comté, en 1461. Jean épousa Marguerite de Chalon, fille de Jean de Chalon, prince d'Orange, et de Marguerite de la Trémouille; il accompagna le duc de Bourgogne au siége de Bourges, en 1412. En 1418, il s'opposa aux incursions des ennemis qui ravageaient les frontières du duché de Bourgogne, et vivait encore en 1467. Il eut pour fille Anne ou

que lesdits enfans eussent mouvant du fief dudit seigneur, je le advoue à tenir de lui, et proteste de le bailler par denombrement ou adveu et en faire tel devoir comme il appartient. Et se de plus me povois adviser ou savoir, je ou non que dessus advoue à tenir du fief dudit seigneur. En tesmoing de ce je ay scellé ces lettres de mon scel, qui furent faites le XXIe jour de septembre, l'an de grace mil trois cens soixante et seize. » (Archives du royaume, section historique).

(1) Les armes de Bauffremont sont vairées d'or et d'azur.

Agnès, mariée à son parent Pierre de Bauffremont, sire de Courchaton.

De ce mariage vint Françoise de Bauffremont, dame de Bourbonne et de Chézeaux, qui épousa, le 18 août 1477, Bertrand de Livron, seigneur de La Rivière et de Wart en Limousin, écuyer d'écurie du roi et capitaine de Coiffy, fils d'Antoine de Livron, capitaine de Coiffy et de Marguerite de Noailles (1). Bertrand de Livron mourut en 1501, et fut enterré, ainsi que sa femme, dans l'église de Bourbonne.

Nicolas de Livron, fils de Bertrand, prit le titre de baron de Bourbonne; il fut gouverneur de Coiffy et de Montigny-le-Roi, capitaine du château de Dijon, chevalier de l'ordre du roi, grand gruyer et général réformateur des eaux et forêts du royaume; il mourut le 29 janvier 1552, et fut enterré dans l'église de Bourbonne; sa femme, Anne de Racy, dame d'Occy, eut un tombeau dans l'église des Jacobins de Langres. Ils eurent pour fils François de Livron, seigneur de Bourbonne et de Torcenay, qui fut marié, en 1541, à Bonne du Chastelet; il mourut en 1563, comme on le lisait autrefois sur son tombeau placé dans l'église de Bourbonne.

Erard de Livron, leur fils, épousa, en 1604, Gabrielle de Bassompierre, dame de Mandres et

(1) Les armes de Livron sont d'argent, à 3 fasces de gueules, au franc canton d'argent chargé d'un roc de gueules, représentant le château de Livron en Dauphiné, ou d'un roc d'échiquier de gueules.

de Ville-sur-Illon : il occupait des charges importantes dans les cours de France et de Lorraine, et était qualifié baron de Bourbonne, souverain de Vauvillars, seigneur de Torcenay, Chézeaux, Parnot, Hortes, Ville-sur-Illon, la Viéville, Mongevelle, Fresnes-sur-Apance, Giraucourt, Wart, La Rivière, Coujours et Objac; gentilhomme ordinaire de la chambre du roi, conseiller en ses conseils, chevalier de l'ordre du roi, gouverneur des ville et château de Coiffy, capitaine de cinquante hommes d'armes, et, de plus, grand chambellan, grand maître, premier gentilhomme de la chambre du duc de Lorraine, et chef sur-intendant de ses finances. Erard de Livron et sa femme furent enterrés dans l'église de Bourbonne, sous un magnifique tombeau, aux deux côtés duquel on voyait leurs statues à genoux (1).

Charles de Livron fut seigneur de Bourbonne, du vivant de son père, par une donation que celui-ci lui fit, le 27 mars 1618, des châteaux, seigneuries et terres de Bourbonne, Fresnes-sur-Apance, Vauvillars, etc.; il prit le titre de marquis de Bourbonne, mais on ne voit pas que Bourbonne ait été érigé en marquisat. Il fut enseigne des gendarmes de Marie de Médicis, capitaine de cinquante hommes d'armes, gou-

(1) Les dessins de ce tombeau et de ceux des autres seigneurs de Livron, enterrés dans l'église de Bourbonne, se voient à la bibliothèque du Roi. Titres originaux.

verneur de Coiffy, de Montigny-le-Roi, et des villes et comtés de Montbéliard et de Porentruy, maréchal des camps et armées du roi. Ayant arrêté, en 1627, et conduit à Coiffy et ensuite à Paris, lord Montaigu, envoyé par l'Angleterre et l'Espagne pour former une ligue contre la France, il fut, en récompense de cette arrestation importante, nommé lieutenant général au gouvernement de Champagne ; en 1633, il fut promu chevalier des ordres du roi. Il avait épousé, le 28 août 1623, Anne de Savigny d'Anglure, fille de Charles Saladin, comte de Tancarville et vicomte d'Estanges. Charles de Livron mourut à Chaumont, en 1671 ; on voyait autrefois, dans l'église de Bourbonne, le tombeau de sa femme, sur lequel elle était représentée à genoux.

Leur fils, Charles de Livron, seigneur de Torcenay, épousa, en 1650, Claude de Salenove, dame de Cuisle et de Bricot. La seigneurie de Bourbonne fut vendue par lui à Charles Colbert du Terron, qui mourut en 1684, et laissa quatre filles. Bourbonne passa à sa fille aînée qui l'apporta en mariage au marquis de la Roche-Corbon, et, en secondes noces, au prince de Carpegna auquel il appartenait en 1705. Peu de temps après, le prince de Carpegna le vendit à Desmarets, marquis de Maillebois qui était seigneur de Bourbonne, lorsque cette ville fut brûlée en 1717,

Après Desmarets, Bourbonne passa à son fils, le marquis de Maillebois, maréchal de France, maître de la garde robe et grand d'Espagne, etc., qui le vendit à François-Gabriel-Bénigne Chartraire, président à mortier au parlement de Dijon, appelé depuis marquis de Bourbonne. Après Bénigne Chartraire, la seigneurie passa à Bernard-Claude Chartraire de Bourbonne, et ensuite à Reine-Claude Chartraire de Bourbonne, mariée au comte de Mesmes Davaux. Enfin, la terre de Bourbonne arriva à M. Rigoley d'Ogny, héritier de Mme la comtesse de Mesmes Davaux, et dernier seigneur de Bourbonne. Cette seigneurie qui, jusqu'au milieu du 17.e siècle, n'avait été transmise que par héritage, changea souvent de propriétaires depuis cette époque, par suite de ventes successives. Les propriétés qui la composaient ont été enfin vendues séparément en 1812 et 1822.

III.

Vers l'an 990, on fonda à Bourbonne un prieuré dont on voit encore les restes sur le sommet de la colline qui fait face à Bourbonne; de l'emplacement de ce prieuré, on jouit d'une vue charmante et on découvre parfaitement la ville. Diderot dit que, de son temps, les ruines du château, vues de ce point, étaient d'un aspect très-pittoresque.

Thibaut, comte de Champagne, après avoir réuni à son domaine la plupart des châtellenies du Bassigny, établit un bailliage à Chaumont, vers l'an 1239 : ce bailliage fut divisé en treize prévôtés et quatre mairies royales ; Bourbonne fut créé chef-lieu de l'une de ces prévôtés.

En 1498 ou 1499, Guillaume de Vergy, maréchal de Bourgogne, s'empara de Bourbonne, Coiffy, Aigremont et Montsaugeon; ces places furent aussitôt reprises par les Français.

Pendant la guerre entre la France et l'Autriche, sous Louis XIII, le Bassigny fut ravagé, pillé et brûlé par les troupes impériales commandées par Galas, et par les Suédois venus, comme alliés de la France, sous le commandement du duc de Saxe-Weimar; Bourbonne, échappa à l'incendie, en se rachetant, en 1638, pour une somme de 8,000 livres.

Lors de l'établissement d'un bailliage à Langres, en 1640, la prévôté de Bourbonne qui dépendait, comme nous l'avons vu, du bailliage de Chaumont, fut réunie à celui de Langres, ainsi que les prévôtés de Montigny-le-Roi, de Coiffy, de Passavant et de La Marche. Elle continua toujours à être régie par la coutume de Chaumont.

Le docteur Thibault parlait ainsi de Bourbonne, dans un ouvrage publié en 1658: « ce bourg estoit autrefois très-puissant, et composé de plus de huit cens maisons; mais maintenant il est réduit à la moitié, tant par l'ancienne dévastation des Gots, que par les nouvelles hostilités, incendies et fréquens dégasts des ennemis de l'estat, depuis la ligue dernière et la cruelle guerre de nostre temps. Encore de ces ruines est-il resté un chasteau dont ce lieu est embelly, muny et gardé, situé en la colline septentrionale, honoré de la demeure et résidence des hauts et puissans seigneurs de la maison de Livron. »

Bourbonne qui, suivant Thibault, avait déjà beaucoup perdu de son étendue, fut presque entièrement détruit par un incendie, le 1.er mai 1717. Les archives de la ville furent brûlées, les églises, les bains, le couvent des Capucins furent aussi la proie des flammes. Nicolas Juy, auteur contemporain de cet incendie, en fait ainsi mention, dans un traité imprimé en 1728. « L'on n'a que trop sçû que ce lieu avait eu le malheur d'être incendié le premier jour de may 1717, et qu'il y eut plus de cinq cens maisons de brûlées en moins de deux heures. Cet incendie arriva par la faute d'une femme qui faisait de l'eau-de-vie ; le vent était si violent, qu'il n'y eut pas moyen de sauver une seule maison de celles où le feu prit, non plus que les effets qui y étaient ; mais Dieu, par sa bonté, y a répandu ses grâces, puisqu'on commence à y être mieux rebâti qu'auparavant. Chacun s'est efforcé d'y faire des maisons propres et commodes pour y recevoir les malades qui sont obligez d'y venir prendre les eaux. »

Bourbonne, qui était chef-lieu de subdélégation, et dépendait de l'intendance de Champagne, fut créé, par la loi du 26 février 1790, chef-lieu de l'un des six districts entre lesquels fut divisé le département de la Haute-Marne. La loi du 23 août de la même année, y établit un tribunal supprimé plus tard par la loi du 17 février 1800, qui partagea les départemens en arrondissemens : Bourbonne fit alors partie de l'arrondissement de Langres, et ne fut plus que chef-lieu de canton. Seize communes dépendent de ce canton et forment une population de 14,176 habitans : ces communes sont Aigremont, Arnoncourt, Beaucharmoy, Coiffy-le-Haut, Damrémont, Enfonvelle, Frênes-sur-Apance, Genrupt, La Rivière, Melay, Montcharvot, Parnot, Pouilly, Serqueux et Villars-Saint-Marcellin.

Avant la révolution de 1789, Bourbonne dépendait de l'archevêché de Besançon et de l'archidiaconé de Favernay; il fait aujourd'hui partie du diocèse de Langres, comme tout le reste du département.

L'arrondissement de Langres ayant été partagé, en 1831, en deux circonscriptions électorales, Bourbonne est devenu le chef-lieu de l'une de ces divisions, et envoie un député à la Chambre.

L'église de Bourbonne, dont la construction remonte probablement au 12.e siècle, est petite, basse et humide. Son clocher fut brûlé dans l'incendie de 1717, et elle fut aussi fort endommagée par le feu. On y voyait autrefois les tombeaux de plusieurs seigneurs de Bourbonne : ces tombeaux, construits en chaux sulfatée, ou albâtre gypseux, extrait des carrières de Bourbonne, étaient d'une belle architecture, surtout celui d'Erard de Livron, aux deux côtés duquel on voyait la statue de ce seigneur et celle de Gabrielle de Bassompierre, sa femme.

L'hôtel-de-ville, bâti sur l'emplacement de

l'ancien, n'a rien de remarquable. On a plusieurs fois tenté d'établir un hôpital à Bourbonne, et on a même obtenu de Louis XIV, en 1702, des lettres pour cette fondation ; mais ce projet n'a pas encore été mis à exécution. Il serait cependant à désirer que Bourbonne possédât un hôpital ; car cet établissement serait d'une grande utilité pour les pauvres infirmes auxquels les eaux thermales seraient favorables. Des religieuses de l'ordre de Saint-Charles, distribuent aux pauvres les revenus qui leur sont affectés : ces religieuses sont aussi chargées de l'éducation des filles.

Il y avait, avant la révolution, un couvent de Capucins, situé dans la rue de ce nom, et il reste encore aujourd'hui une partie des bâtimens qui le composaient. On a construit, en 1826, des fontaines dans les différentes parties de la ville ; quelques-unes sont assez belles.

Il y a deux promenades : l'une appelée d'Orfeuil, du nom d'un intendant de Champagne qui la fit planter en 1770, est située dans le vallon des bains ; elle est composée de plusieurs rangs de tilleuls. L'autre est nommée promenade de Montmorency, parce que jusqu'à la révolution de 1789, époque à laquelle la ville en fit l'acquisition, elle formait le jardin d'une maison appartenant à la famille de Montmorency. Cette promenade, plus vaste que la première, est aussi plus belle : elle est dessinée à la française et renferme un grand nombre d'allées dont la plupart aboutissent à un boulingrin ; elle manque d'une communication directe avec la ville; le chemin qui y conduit, resserré entre deux murs, est très-triste.

Les rues de Bourbonne sont en général très-rapides, irrégulières et disséminées sur un trop grand espace par rapport à la population ; aussi l'ensemble offre-t-il plutôt l'aspect d'un bourg que d'une ville, quoique cependant il y ait des maisons assez bien bâties.

On vient d'établir, à Bourbonne, une manufacture de sucre de betteraves. On y fabrique des bas de fil d'Ecosse fort beaux. Il y a plusieurs coteaux couverts de vignes qui produisent un vin léger assez agréable. La situation de Bourbonne, loin des grandes routes, n'est pas favorable au commerce, aussi y est-il presque nul.

Le sol doit être classé parmi les terrains keupériens : le vallon de la Borne dans lequel on a, dit-on, exploité autrefois des sources salées, pourrait renfermer des bancs de sel gemme. Dans la partie du territoire qui est entre Bourbonne et Coiffy, on trouve de la chaux sulfatée, colorée en gris, en jaune et en rouge : cette espèce d'albâtre a été jadis exploitée et employée dans la construction des tombeaux des anciens seigneurs de Bourbonne, qui étaient placés dans l'église ; on en a fait aussi des autels et des colonnes.

La population est de 3,424 habitans ; et elle

s'augmente, pendant la saison des bains, d'une population mobile de cinq à six cents personnes (1).

(1) Il y a cinq foires : 17 janvier, 24 mai, 11 août, 9 octobre, 16 novembre. Bureau de poste aux lettres, poste aux chevaux, brigade de gendarmerie. Bourbonne avait autrefois ses mesures particulières : la pinte contenait 88 pouces 1/8 cubes ; la mesure des graines 1176 pouces cubes ; le journal 400 perches de 8 pieds 3 pouces. Ces mesures étaient en usage dans toute la prévôté de Coiffy.

IV.

Les eaux thermales auxquelles Bourbonne doit sa célébrité et probablement, comme nous l'avons déjà dit, son origine, jaillissent par trois sources placées dans le vallon de la Borne. La plus chaude de ces sources, appelée autrefois Matrelle, est reçue dans un petit bâtiment isolé sur la place Bourbon. On va y puiser l'eau destinée à être bue. Une autre source arrive dans le bâtiment des bains civils; enfin la troisième jaillit dans l'hôpital militaire, et porte le nom de Bain-Patrice.

On pense que ces trois sources arrivent du sud-ouest : leur température n'est pas la même ; la source chaude donne 58°,75 centigrade; celle des bains civils, 57°,50, et celle de l'hôpital 50°,00.

Les eaux de Bourbonne ont été souvent soumises à l'analyse : on a toujours trouvé que le principe dominant était le chlorure de soude. L'une de ces analyses donne les proportions suivantes :

Sur un litre d'eau.

1.° hydrochlorate	de soude	4 gr.	76325
2.° id.	de chaux	0	81075
3.° id.	de magnésie	0	13925
4.° sulfate	de chaux	1	02750
5.° id.	de magnésie	0	35775
6.° carbonate	de fer	0	03125
	Perte . . .	0	02650
		7	15625

Le chimiste qui a fait cette analyse a aussi constaté que l'eau de Bourbonne contenait du gaz acide-carbonique, et que le volume de ce gaz était à celui de l'eau dans la proportion d'un cinquième.

MM. Roumiers et Desfosses ont publié dans un journal, en 1827, une analyse dont voici les résultats :

Sur un litre d'eau.

Bromure et peut-être chlorure de potassium	0 grammes.	069
chlorure de calcium . .	0	081
id. de sodium . .	5	352
sous-carbonate de chaux	0	158
sulfalte de chaux . . .	0	721
	6	381

Plus un peu d'hydrochlorate de magnésie et de matière extractive.

En substances gazeuses (qui forment des bulles qui viennent à la surface de l'eau), à la température de 15° de chaleur et pression o mètre 755

oxigène	3 centimèt. cubes
azote	13
acide carbonique . . .	13

Le brome, que les auteurs de cette dernière analyse ont cru rencontrer dans l'eau de Bourbonne, se trouve aussi dans l'eau de mer et peut servir à expliquer l'analogie qui existe entre l'eau de Bourbonne et l'eau de mer, dont elle ne semble différer que par une moindre quantité de sel. On a aussi trouvé que cette eau avait la saveur du bouillon de veau salé, et légèrement amère ; cette ressemblance peut être occasionée par une matière gélatineuse dont on a constaté la présence dans l'eau chaude, et qui se précipite à mesure que l'eau se refroidit. Le chimiste qui a découvert cette substance, pense qu'elle est le produit de coquillages et d'animaux enfouis dans la terre, qui sont dissous par l'eau chaude.

On pourrait aussi attribuer à la présence de cette matière gélatineuse, l'onctuosité que l'eau de Bourbonne offre au toucher; tandis que les principes salins qu'elle renferme devraient, par leur action sur la peau, produire un effet contraire.

L'eau de Bourbonne est très-transparente ; elle peut se conserver pendant six mois dans des flacons bien fermés, sans rien perdre de sa limpidité : elle a une odeur nidoreuse très-peu prononcée, et qui diminue beaucoup lorsqu'elle est froide. On peut la boire au degré de chaleur qu'elle a en sortant de la source, sans que les organes intérieurs en soient trop affectés ; et cependant elle agit très-fortement sur la peau, lui fait contracter une grande rigidité, en dimimue la sensibilité et y produit même les effets de la brûlure d'une manière très-remarquable.

La pesanteur spécifique de l'eau de Bourbonne est à celle de l'eau ordinaire, comme 1006,5 est à 1000. On a reconnu que l'eau de Bourbonne n'entrait en ébulition qu'à 106°,4 sous une pression atmosphérique de 0, mèt. 76, tandis que l'eau ordinaire ne demande que 100°. Cette différence n'a rien d'extraordinaire, car on sait que les eaux chargées de sels exigent une plus grande chaleur pour entrer en ébulition ; mais ce qu'on ne conçoit pas, c'est que l'eau thermale prise à la source, c'est-à-dire, à 55 degrés de chaleur, exige plus de temps pour arriver à l'ébulition que l'eau ordinaire froide. Si l'eau de Bourbonne se charge difficilement de calorique, elle le perd aussi très-lentement. Ainsi, une quantité égale d'eau thermale et d'eau ordinaire ayant été chauffée à un même degré de chaleur, l'eau thermale n'a été réduite à la température ambiante que treize heures après, tandis que neuf heures avaient suffi à l'eau ordinaire.

Les sécheresses les plus longues et les pluies continues n'ont jamais paru agir d'une manière sensible sur la quantité d'eau thermale que donnent les trois sources. On peut expliquer cette particularité en supposant que l'eau de Bourbonne vient d'une grande profondeur; et comme on a reconnu que la chaleur de la terre augmente à mesure qu'on s'éloigne de sa surface, dans des proportions que l'on a déterminées, on trouvera aussi, dans cette supposition, l'explication de la chaleur de l'eau thermale (1).

L'eau de Bourbonne agit principalement comme stimulant ; aussi est-elle surtout d'une grande efficacité contre les maladies qui proviennent de la faiblesse des organes. Elle est aussi plus favorable aux tempéramens lymphatiques qu'aux constitutions sanguines ou nerveuses. Les maladies contre lesquelles l'eau de Bourbonne agit

(1) M. Fourier, secrétaire de l'Académie des sciences, a constaté que la chaleur de la terre augmentait, à peu près, d'un degré centigrade par 25 mètres de profondeur; ainsi l'eau de Bourbonne viendrait au moins de 58 fois 25 mètres, ou 1450 mètres de profondeur. Mais cette distance doit paraître inexacte, si l'on considère que dans l'espace que l'eau parcourt pour arriver à la surface de la terre, elle doit nécessairement se décharger d'une partie de son calorique. C'est aussi dans ce trajet qu'elle doit dissoudre les sels que l'analyse y a fait reconnaître.

d'une manière plus efficace, sont: les paralysies, les rhumatismes, les obstructions, les affections catarrhales, les maladies du système lymphatique, les engorgemens des articulations. Elle est aussi d'un effet très-puissant contre les luxations, les entorses et contre le raccourcissement des muscles et les douleurs qui sont la suite des blessures. On emploie l'eau de Bourbonne, à l'extérieur, en bains, étuves et douches, et à l'intérieur, en boissons.

L'établissement des bains civils appartenait autrefois aux seigneurs de Bourbonne, auxquels il ne rapportait, en 1304, qu'un droit de six livres. (1). On n'a aucun détail sur les bâtimens qui renfermaient les bains à cette époque, mais il est probable qu'ils étaient peu considérables; car au milieu du 18.e siècle, le bassin n'était encore protégé que par une halle. Jean-le-Bon, qui publia, en 1590, un ouvrage sur Bourbonne, fait une triste peinture de l'établissement thermal à cette époque: il parle d'un bassin construit *pour tous les gens riches et pauvres, vexés de toutes maladies et malandres,* dans lequel il était permis de venir tout nu sans distinction de sexe. Henri IV, pour remédier à de semblables abus, institua, par un édit en date du mois de mai 1603, des inten-

(1) Nous citons cette date et ce droit, sans en garantir l'exactitude; car nous les avons empruntés au voyage de Diderot à Bourbonne, ouvrage qui renferme un grand nombre d'erreurs.

dans généraux et des surintendans des établissemens thermaux.

M. de Chartraire, seigneur de Bourbonne, commença, en 1763, la reconstruction des bains civils. Diderot, qui vit ce nouveau bâtiment en 1770, en donne la description suivante. « Les eaux de ce puits sont conduites par des canaux souterrains à un bâtiment oblong, construit plus bas, et sont reçues dans des bassins carrés et séparés en deux par une cloison. Quand on se baigne on s'assied sur de longs degrés de pierre qui s'élèvent au-dessus ou descendent au-dessous les uns des autres, et qui règnent le long des bords de ces bassins. C'est là le lieu des bains du peuple. Il ajoute : les particuliers se baignent dans les maisons, dans des cuves de bois ou baignoires ordinaires. On y porte le soir, sur les cinq à six heures, les eaux qu'on prend au puits dans des tonneaux ; et sur les six à sept heures le lendemain, elles sont encore assez et même trop chaudes pour le bain. » Le même auteur dit, que les habitans de La Neuvelle-les-Coiffy avaient *le droit d'user des eaux de toute manière, sans rien payer,* et qu'ils jouissaient de ce privilége, parce qu'on attribuait aux cochons de ce village la découverte des sources de Bourbonne (1).

(1) Cette assertion est trop apocriphe, pour que nous y ajoutions aucune réflexion.

M. le comte de Mesmes Davaux, seigneur de Bourbonne, fit construire, en 1783, un bâtiment sur un plan différent de celui adopté par M. de Chartraire, son prédécesseur ; ce qui occasiona la destruction d'une grande partie des travaux faits par ce dernier. Il ne reste plus aujourd'hui de ces constructions que le petit bâtiment en forme de temple , situé sur la place Bourbon.

Le gouvernement ayant acquis les bains civils, en 1812, on ajouta de nouvelles constructions à celles de M. Davaux , et cet établissement prit alors un grand développement. Des acquisitions de plusieurs terrains environnans, permirent de dégager l'édifice des bains,et d'y ajouter un jardin qui serait susceptible d'embellissemens.

Le bâtiment est distribué en un grand nombre de cabinets renfermant chacun une baignoire; il y a aussi des cabinets de douche et des étuves.

L'hôpital militaire , situé près des bains civils, est , avec celui de Barèges , le seul appartenant au gouvernement. Il a été fondé par Louis XV, en 1732, et agrandi par Louis XVI, en 1785. On y a ajouté, en 1834 , un bâtiment destiné au logement des personnes attachées au service de cet établissement. L'hôpital est ouvert, depuis le 1.er juin au 1.er octobre, aux officiers et soldats malades. Les bains civils sont ouverts toute l'année, mais ils ne sont fréquentés que du 1.er mai au 1.er octobre.

V.

Bourbonne n'a donné le jour à aucun homme célèbre, et les seuls auteurs nés dans cette ville, sont des médecins qui ont publié leurs observations sur les eaux thermales de leur pays.

Duport (*Antoine*), né à Bourbonne le 15 juillet 1696, est auteur de thèses latines imprimées à Besançon, en 1721, in-8.°, sous le titre : *Questiones medicæ circa thermas Borbonienses.* Cet ouvrage, écrit dans un style quelquefois emphatique, ne manque pas d'intérêt. En outre de la partie médicale qui est la plus importante, on y trouve des détails sur la ville de Bourbonne et ses environs.

Duport était médecin de l'hôpital de Bourbonne, place qu'avait déjà occupé son père ; il mourut le 21 juillet 1741.

Chevalier(Jean-Baptiste), médecin, né en 1730 et mort le 20 janvier 1803, a publié, en 1772, Paris, *Mémoires et observations sur les effets des eaux de Bourbonne les-Bains, en Champagne, dans les maladies hystériques et chroniques, par M. Chevalier, docteur en médecine à Bourbonne-les-Bains, ci-devant chirurgien à l'hôpital royal et militaire de la même ville.*

Mongin Montrol, médecin né à Bourbonne, est auteur d'un ouvrage sur les eaux de Bourbonne, imprimé dans la Gazette salutaire, en 1774, et réimprimé en 1798 et en 1810.

M. Renard (Athanase), né au mois d'avril 1796, et maintenant médecin des bains civils, est de tous les auteurs nés à Bourbonne, celui qui mérite le mieux ce titre. Il a d'abord fait paraître une tragédie en vers, intitulée Atrée et Thyeste; cette pièce qui n'a jamais été jouée, se fait remarquer par une versification assez pure. M. Renard a encore publié :

Bourbonne et ses eaux thermales, un volume in-8.°, Paris, 1826. Cet ouvrage, élégamment écrit, est le plus complet de tous ceux qui ont paru sur Bourbonne ;

Une dissertation sur le Classique et le Romantique, dans laquelle l'auteur se fait le défenseur du Classique ;

Plusieurs opuscules et des poésies détachées.

En outre des ouvrages sur Bourbonne, écrits par des Bourbonnais, il en existe un grand nombre traitant presque tous spécialement des eaux de Bourbonne, et qui, par conséquent, sont de peu de ressource pour l'historien. Voici la liste de ces ouvrages.

Traité des admirables vertus des eaux chaudes de Bourbonne-les-Bains, en Bassigny, mises en lumière par Hubert Jacob, maître chirurgien, du lieu d'Anrosey, au voisinage de Bourbonne, dont, jusqu'à présent, nul n'a écrit. Lyon, 1590 et 1600.

Des Bains de Bourbonne, par Jean-le-Bon, hétéropolitain, médecin du roi, à révérend père en Dieu, M. De Saint-Belin, abbé de Lacreste. Ce traité a été inséré dans un ouvrage sur la Gaule, imprimé à Lyon, 1590, in-16.

Petit Traicté des eaux et bains de Bourbonne, par M. N. Thibault, docteur en médecine et doyen de ladite faculté de Lengres, à Lengres, 1658, in-12.

Dissertation sur les eaux minérales de Bourbonne-les-Bains, par le sieur H. Gautier, architecte, etc., Troyes, 1776, in-8°.

Traité des propriétés et vertus des eaux minérales, boues et bains de Bourbonne-les-Bains, proche Langres, en Champagne, par N. Juy, chimiste à Bourbonne, Troyes, 1728, in-12.

Traité des eaux minérales de Bourbonne-les-Bains, par M. Baudry, médecin des hôpitaux du roi, etc., Dijon, 1736, in 8°.

Dissertation contenant de nouvelles observations sur les eaux thermales de Bourbonne-les-Bains, par Juvet, 1750.

Lettre sur les eaux de Bourbonne, par Martin de l'Aubeypie, 1809.

Notice sur Bourbonne, par Petitot, 1822.

Notice sur Bourbonne et ses eaux thermales, par Lemolt, Paris, 1830, in-8°.

Précis des eaux thermales de Bourbonne-les-Bains, par Ballard, Bourbonne, 1831, in-8°.

Lettre à M. Hase, sur une inscription latine du second siècle, trouvée à Bourbonne-les-Bains, le 6 janvier 1833, et sur l'histoire de cette ville, par Berger de Xivrey, Paris, 1833, in-8°. Cet ouvrage, entièrement historique et plein de recherches, est le plus savant de tous ceux qui ont été publiés sur Bourbonne.

Nous pourrions encore ajouter aux ouvrages que nous venons de citer, plusieurs notices insérées dans les journaux scientifiques : le voyage de Diderot à Bourbonne, publié dans sa correspondance, et les notes manuscrites de Jacques Vignier.

FIN.

TABLE.

www.ingramcontent.com/pod-product-compliance
Ingram Content Group UK Ltd.
Pitfield, Milton Keynes, MK11 3LW, UK
UKHW012104240726
13965UKWH00004B/1537